Vanessa Oelmann

Elena zwischen zwei Welten

Vanessa Oelmann
Elena zwischen zwei Welten

1. Auflage März 2010
Verlag Petra Hennig, Bensheim
Illustrationen: Doris Bambach, Bensheim
Lektorat: Sigrid Jahn, Hochstädten
Layout, Satz & Druck:
Lautertal-Druck Franz Bönsel GmbH, Lautertal-Beedenkirchen
Printed in Germany
ISBN 978-3-9812850-2-4

www.verlag-petra-hennig.de

Vanessa Oelmann

Elena zwischen zwei Welten

Verlag Petra Hennig
Edition Junge Autoren

Endlich Ferien!

Es war ein sonniger Freitagnachmittag und zugleich der letzte Tag vor den Sommerferien. Die Glocke läutete zum Schulschluss. Fast gleichzeitig stürmten alle Schüler des Vischer-Gymnasiums Hamburg zum Hoftor. Jeder wollte als Erster draußen sein, um noch einen guten Platz im Bus zu ergattern.

Als Letzte verließ ein junges, schlankes Mädchen das Schulgebäude. Ihr dünnes, blondes Haar, das sie streng nach hinten zu einem Zopf gebunden trug, hatte dunkle Strähnen. Eine Strähne ließ sie jedoch meistens ins Gesicht fallen. Dadurch wollte sie von der ihrer Meinung nach zu kleinen Nase ablenken. Sie trug ein meerblaues, langes Top, das bis unter den Gürtel reichte, einen gleichfarbigen, knielangen Rock und braune Lackballerinas. Ihr Name war Elena.

Elena war eine Einzelgängerin, was sie anscheinend nicht so schlimm fand. Ihre Eltern waren beruflich oft im Ausland, da gewöhnte man sich an das Alleinsein. Manchmal aber, da wünschte sie sich Freundinnen, die zu ihr hielten, wenn sie wieder einmal ausgelacht wurde.

Es war für Elena fast an der Tagesordnung, verspottet zu werden. Die Claire aus ihrer Klasse, die sich voll viel darauf einbildete, dass ihr Vater ein waschechter Amerikaner war, fand, Elenas Schuhe sähen aus wie die einer Obdachlosen. Leonie und Lola, die beiden Zickenzwillinge, lachten über ihre Haare. »Lass sie dir abschneiden und schwarz färben«, war ihr Tipp.

Und die Jungs aus ihrer Klasse bezeichneten Elena als eine blonde Zuckerpuppe. Während einer Kunststunde hatten sie ihr die Zeichnung einer Fee entrissen und in der Klasse herumgereicht. Als Elena verzweifelt versuchte, das Bild wiederzubekommen, zerknüllten sie das Blatt und spielten damit Fußball. Elena wurde seitdem von ihren Klassenkameraden hämisch belächelt, da sie offensichtlich noch an albernen Kinderkram glaubte.

Elena versuchte sich trotz allem nichts anmerken zu lassen. Ihr größtes Hobby war es zu lesen. Überall in ihrem Zimmer standen Schränke und Regale, voll gefüllt mit Büchern, Comics und Magazinen. Aber das Lieblingsbuch des Mädchens hatte einen Ehrenplatz in ihrer Nachttischschublade: *Feenzauber* lautete der Titel. Elena hatte das Buch schon zweimal gelesen und dabei alles um sich herum vergessen. Die Erlebnisse im Feenreich zogen sie völlig in ihren Bann.

Elena stieg in den Bus und setzte sich auf den letzten freien Platz. Es war sehr schwül, sodass ihr dicke Schweißperlen über die Stirn liefen. Zum Glück musste sie bald aussteigen.

Als Elena wenige Minuten später bei sich zu Hause ankam, standen zwei vollgepackte Koffer im Flur. Elena ahnte etwas.

»Mama!«, rief sie. Der Kopf ihrer Mutter tauchte im Türrahmen zum Wohnzimmer auf.

»Oh, du bist schon da, Schatz.«

»Mami! Wieso stehen hier Koffer? Müsst ihr etwa schon wieder in meinen Ferien arbeiten?«

Die Mutter kratzte sich am Kopf und stammelte verlegen: »Unser Geschäftspartner ist überraschend krank geworden, sodass wir nun für ihn einspringen müssen. Dein Vater ist gerade noch mal ins Büro gefahren. Wir müssen noch heute Abend nach Amsterdam fliegen. Dort beginnt morgen früh eine große Kunstmesse.«

»Morgen?!?«, schrie Elena aufgebracht. »Ihr habt mir doch versprochen, dieses Jahr die Ferien mit mir zu verbringen!«

»Schon«, versuchte ihre Mutter zu erklären, »aber wir sind Kunsthändler und müssen nun einmal häufig verreisen. Aber keine Angst, wir sind nur für drei Tage weg, nicht wieder eine Woche.«

Elena seufzte, griff sich schnell einen von den leicht schrumpeligen Äpfeln aus der Obstschale, biss beleidigt hinein und ging die Treppe in ihr Zimmer hinauf. Natürlich war sie auf ihre Eltern unglaublich sauer, aber eigentlich war es auch ganz lustig, allein zu Hause zu sein. So könnte sie, wenn sie wollte, in Nachbars Garten heimlich Kirschen pflücken, Klingelstreiche machen und bis Mitternacht aufbleiben. Elena nahm ihr Lieblingsbuch in die Hand, setzte sich auf ihr Bett, schlug das Buch auf und begann zu lesen:

In einer Parallelwelt liegt das Feenreich Facyra, welches in drei Teile geteilt ist: Seelia ist im Norden des Landes und nimmt den größten Teil ein. Dann kommt Firoya, und im Süden liegt Iktava. In einem Feenreich gibt es folglich auch Feen. Ihre Kräfte variieren je nachdem, welchem Element sie angehören: Feuerfeen besitzen die Kraft, Gedanken zu lesen und Feuer heraufzubeschwören. Windfeen haben die Macht, Tornados entstehen zu lassen und können sehr schnell fliegen. Blumenfeen dagegen schaffen es, Pflanzen wachsen zu lassen und andere zu heilen. Meeresfeen sind die einzigen Feen, die schwimmen und tauchen können, da ihre Flügel mit kleinen, glitzernden Schuppen bedeckt sind. Ebenso können sie unter Wasser atmen und mit Meerestieren sprechen.

Wow, dachte Elena, nur schade, dass Feen und Elfen in Wirklichkeit gar nicht existieren.

In diesem Moment öffnete sich unten die Haustür. Ihr Vater kam zurück. Schnell lief Elena die Treppe hinunter, um sich von ihren Eltern zu verabschieden. Denn als sie vorhin in ihr Zimmer hochgestürmt war, hatte ihre Mutter ihr noch nachgerufen, dass ihr Flugzeug bereits in drei

Stunden starten würde. Deshalb mussten ihre Eltern jetzt aufbrechen, wenn sie ihren Flieger nicht verpassen wollten.

»Also«, schärfte ihr der Vater ein, »abends kommt Frau Klein von nebenan vorbei und macht dir das Abendessen. Wir haben ihr schon gesagt, dass du Bohnen nicht ausstehen kannst, sonst aber alles isst. Wenn jemand klingelt, dann schau zuerst aus dem Fenster, wer da ist. Mach die Tür nur Leuten auf, die du kennst.«

Elena nickte, umarmte ihren Vater und drückte sich ganz fest an ihn.

»Sei nicht traurig«, versuchte die Mutter sie zu trösten, »wir rufen dich sofort an, wenn wir gelandet sind. Und geh bitte spätestens um halb neun ins Bett.«

Elena nickte unglücklich.

»Bis dann«, murmelte sie.

Kurz darauf stiegen ihre Eltern ins Auto ein und jagten davon. Elena sah dem Auto nach, bis es um die nächste Kurve verschwunden war. Anschließend schlurfte sie ins Haus zurück, ließ sich auf ihr Bett fallen und las *Feenzauber* weiter.

Es war vor langer, langer Zeit einmal eine Fee namens Croija. Sie war die gefürchtetste Fee in Kjaja, einem Nachbarland Facyras. Ihre Armee und sie bekämpften die guten Feen. Wer versuchte, ihre bösen Pläne zu durchkreuzen, tauchte nie wieder auf.

Keiner war vor Croija sicher. Selbst die größten Magier wurden nach einem Kampf mit ihr nie wieder gesehen. Doch eines Tages wollten sich vier Mädchen der dunklen Armee stellen. Es waren mutige, starke Feen, die ihr eigenes Leben opfern wollten, um Croija zu besiegen.

Jede von ihnen hatte ein anderes Element und somit unterschiedliche Fähigkeiten. Sie hießen Carxta (Feuer), Melina (Wasser), Aega (Luft) und Roia (Erde).

Eines Nachts fand das alles entscheidende Duell statt. Nach Stunden erbitterten Kampfes gelang es den guten Feen, Croija und ihre Armee an einen fernen Ort namens Murawood zu verbannen.

Seitdem herrscht in Facyra wieder Frieden. Was mit den vier Heldinnen geschah, konnte niemand mit Sicherheit sagen.

Elena war von dem knapp 500 Seiten dicken Buch restlos begeistert. Während das Mädchen las, bemerkte sie gar nicht, wie die Zeit verging. Eigentlich wollte sie noch weiterlesen, wurde jedoch um 19:12 Uhr dabei gestört, als es an der Haustür klingelte. Elena warf einen Blick aus dem Fenster, es war Frau Klein. Das Mädchen lief schnell die Treppe hinunter und öffnete ihr die Tür. Frau Klein war eine hochgewachsene, schlanke Frau mit schulterlangen, braunen Haaren und einer karamellfarbenen Hornbrille. Elena fand sie sehr sympathisch. »Abend, Elli«, sagte Frau Klein und lächelte.

Wie gesagt, Elena fand sie nett, nur dass ihr der Spitzname, den Frau Klein ihr gegeben hatte, nicht so sehr zusagte. Elli ... das hörte sich wie ein Hundename an. Trotzdem grüßte sie höflich zurück.

Zum Abendessen gab es eine aufgetaute Pizza Margherita aus Frau Kleins Gefrierschrank. Sie schmeckte köstlich.

»Was willst du denn den restlichen Abend noch machen?«, erkundigte sich Frau Klein.

»Hm«, erwiderte Elena. »Wahrscheinlich lesen.«

»Ach so, hätte ich mir auch denken können.«

Nachdem Frau Klein gegangen war, lief Elena wieder nach oben. Es warteten noch 30 Seiten auf sie. Elena setzte sich auf ihr Bett und las weiter. Und nach ein paar Minuten:

So heiratete Königin Tara den Elfenjüngling Veron. Es gab ein rauschendes Fest, alle Feen Facyras waren eingeladen. Und wenn sie nicht gestorben sind, dann leben sie noch heute.

Elena klappte das Buch zu. Es war so lebendig geschrieben worden, als wäre es keine Geschichte, sondern Realität. Welcher Schriftsteller konnte so viele Ideen, so viel Fantasie besitzen, um ein solches Buch zu schreiben? Elena konnte sich darauf keine Antwort geben. Sie erhaschte einen Blick auf die Uhr: Schon fast halb neun! Sie hatte ihrer Mutter doch versprochen, pünktlich im Bett zu sein! Schnell zog

Elena sich aus, stülpte sich ihr violettes Nachthemd über, stürmte ins Badezimmer, putzte sich die Zähne, rannte in ihr Zimmer zurück und schmiss sich auf ihr Bett. Das alles geschah in zwei Minuten. Rekordzeit! Elena deckte sich zu, schloss die Augen und schlief schon bald darauf ein.

Eine merkwürdige Begegnung

Es waren die Geräusche, die Elena aufweckten. Sie gähnte und öffnete die Augen einen Spalt breit. Ein Vogel zwitscherte. Wahrscheinlich eine Amsel.

»Sei still«, brummte Elena und wollte sich wieder in ihr Bett kuscheln, doch es war so ungewöhnlich hart. Der Vogel sang noch lauter.

Sie krallte ihre Finger in das Bettlaken, doch es fühlte sich an, als läge sie im Gras! Jetzt öffnete sie ihre Augen ganz – und ihr blieb die Luft weg: Sie lag tatsächlich im Gras!

Elena sah nach oben und blickte in zwei Augenpaare, eins violett, das andere orange. Sie kreischte auf und hielt sich die Hände vor das Gesicht.

»Beruhig dich«, sagte eine Mädchenstimme.

Elena nahm eine Hand vorsichtig weg, sodass sie nun mit einem Auge sehen konnte. Neben ihr knieten zwei Mädchen, die sich neugierig über sie beugten. Nun nahm Elena auch noch die zweite Hand von ihrem Auge.

Das Mädchen mit den orangefarbenen Augen hatte bodenlanges, rotes Haar und trug ein orangerotes Kleid. Das andere Mädchen hatte dunkelbraune, ebenfalls bodenlange Haare. Ihr Kleid schimmerte in allen nur erdenklichen Blautönen. Doch das Außergewöhnlichste waren die leicht transparenten Flügel am Rücken der beiden: Die Flügel der

Rothaarigen waren bräunlich, die der Braunhaarigen blau.

»Was 'n das?«, fragte Elena und deutete auf die Flügel.

»Was?«, fragte die Braunhaarige.

»Die Flügel.«

»Ja, ich hab Flügel, na und?«

»Ist hier etwa Karneval, oder was?«

»Karne . . . was?«

Elena richtete sich langsam auf.

»Karneval! Fasching! Verkleiden! Kennt ihr das alles nicht?«

»Nee, woher auch? Hier in Facyra gibt's so was nicht.«

»Facyra?!?«, rief Elena entsetzt aus. »Das Feenland?«

»Ja«, sagte die Rothaarige verblüfft. »Du bist doch auch eine Fee, oder? Zumindest hast du auch Flügel.«

Elena erstarrte. Schnell tastete sie mit den Händen ihren Rücken ab. Tatsächlich fühlte sie ein Paar Flügel, das zwischen ihren Schulterblättern ansetzte. Elena sah an sich hinab. Sie trug statt ihres Nachthemdes ein Kleid in grünen und rosa Farbtönen.

»Welche Farbe?«, wollte sie wissen.

»Deine Flügel? Sie sind rosa«, antwortete die Rothaarige. »Also, ich heiße Gloria.«

»Und mein Name ist Mischik«, fügte die Braunhaarige hinzu. »Und wie heißt du?«

»Ich bin Elena«, stellte sich das völlig verwirrte Mädchen vor und dachte: Ich habe bestimmt nur einen Traum, wenn auch einen sehr realistischen. Feen existieren nicht! Ich liege noch immer zu Hause in Hamburg in meinem Bett und schlafe.

»Wie alt seid ihr?«, fragte sie.

»Zwölf«, antwortete das Mädchen, das Mischik hieß, für beide.

Elena wunderte sich. Auch sie war zwölf, doch waren Träume nicht immer etwas wirr? Sie hatte alles als Antwort erwartet, aber nicht das. War das vielleicht doch kein Traum, sondern real? Elena zwickte sich in die Seite. Es tat weh und somit war klar, dass sie sich tatsächlich in Facyra befand. Wie, um Gottes Willen, war sie hier hineingeraten? In ein Buch?

Elena wurde es schlecht. Gloria sah sie verdutzt an.

»Was ist los?«, wollte sie wissen, und in ihrer Stimme klang etwas Besorgtes mit.

Elena schluckte, dann begann sie ausführlich zu erzählen: Von *Feenzauber*, ihren verreisten Eltern und ihren Gefühlen, als sie auf der Wiese in Facyra aufwachte. »Ich versteh einfach nicht, wie ich hier drin landen konnte«, schloss sie ihre Erzählung. »Seid ihr vielleicht nur Buchfiguren?«

»Nee«, Mischik schüttelte lachend den Kopf, »zum Glück nicht! Buchfiguren müssen das tun, was im Buch über sie steht. Ich kann entscheiden, was ich tun will, und das ist auch gut so.«

»Ich vermute«, Gloria überlegte einen Moment, dann sprach sie weiter: »Ich vermute, dass du eine Taraxx bist.«

»Eine was?« Elenas Gesicht war ein einziges Fragezeichen.

»Eine Taraxx«, wiederholte Gloria. »Ein Mädchen, das sich in eine Fee verwandeln kann oder eine Fee, die die Gestalt eines Menschenmädchens annehmen kann.«

»Das könnte hinkommen«, stimmte Mischik zu. »Ja, das könnte sein. Vor vielen Jahren gab's hier mal einen Vorfall, da war 'ne zwölfjährige Fee, die am Abend nicht nach Hause zurückkam. Alle hatten schreckliche Angst, ob Croija wieder zugeschlagen haben könnte, obwohl die irgendwo in Murawood saß. Die vermisste Fee kehrte erst nach drei Tagen wohlbehalten zu ihren mittlerweile verzweifelten Eltern zurück. Sie erzählte, dass sie plötzlich in Menschenkleidung ohne Flügel und magische Kräfte in der Menschenwelt gelandet war und dort bei einer alten Frau wohnen durfte. Seitdem konnte Carxta, so hieß die Fee, immer wieder in die Menschenwelt reisen.«

»Carxta«, schwirrte es Elena durch den Kopf, eine der vier Feen, die Croija besiegt hatte! Konnte es sein, dass ...?

»Mein Element ist Feuer«, sagte Elena. Wie auf Kommando tanzten plötzlich leuchtende, hellrote Funken um ihren Körper und verschwanden anschließend in ihrem Inneren.

Mischik und Gloria starrten Elena sprachlos an.

»D . . . du hast d . . . deine magische K . . . kraft aktiviert«, stotterte Mischik. »Aber woher wusstest du ...«

» ... dass das mein Element ist?«, führte Elena ihren Satz zu Ende. »Tja, ich war mir nicht sicher, doch Carxta war ebenfalls eine Taraxx und ihr Element war Feuer, das stand in *Feenzauber*, und so konnte ich vermuten, dass Feuer auch mein Element ist.«

Schweigen.

»Ach ja«, fiel Gloria dann noch etwas ein, »wegen deiner Theorie mit den Buchfiguren, da war mal ein pleitegegangener Schriftsteller, der hatte keine Ideen mehr, deshalb hat Königin Tara ihm ein paar Gedanken über unsere Feenwelt geschickt. So entstand dann wohl *Feenzauber*.«

»Gut zu wissen«, fand Elena. »Dann ist die Frage, wie der Autor ein so reales Buch über die Feenländer schreiben konnte, schon einmal geklärt.«

»Und ich habe das Gefühl, wenn wir dem königlichen Palast einen Besuch abstatten, würden wir die Antwort bekommen, warum du plötzlich bei uns gelandet bist«, war sich Mischik sicher. »Elena, gehört die Tasche da drüben eigentlich dir?« Mischik wies mit dem Finger auf eine kleine, gehäkelte, grüne Tasche, die neben Elena im Gras lag.

»Weiß nicht«, antwortete Elena, griff nach der Tasche und öffnete sie. Ein Stück zusammengerolltes Pergament und eine Ausgabe von *Feenzauber* fielen heraus. Elena schluckte. Die Tasche war für sie bestimmt, damit sie sich in Facyra zurechtfinden konnte. Sie war also nicht zufällig hier, sondern auf die Reise geschickt worden. Aber von wem? Wieso? Und wie lange würde sie wohl in Facyra bleiben müssen?

Frau Klein würde sich große Sorgen um sie machen, wenn sie am Abend kommen und niemand ihr die Tür öffnen würde ... und was würden ihre Eltern wohl dazu sagen? Sie würden unendlich traurig darüber sein, ihre einzige Tochter verloren zu haben.

Bei dem Gedanken, ihre Eltern weinen zu sehen, traten ihr dicke Tränen in die Augen. Doch sie fühlte auch, dass sie keine andere Wahl hatte.

Elena hängte sich die Tasche um den Hals, atmete einmal tief durch und sagte dann mit tränenerstickter Stimme:

»Einverstanden. Gehen wir zum Palast.«

Der Pilzexpress

Gloria und Mischik flogen langsam voraus. Elena lief mit tief gesenktem Kopf, damit niemand ihre verweinten Augen sehen konnte, hinter ihnen her. Die beiden hatten ihr angeboten, sie in die Mitte zu nehmen und zu stützen, sodass auch sie einmal fliegen konnte. Sie wollten ihr Flugstunden geben, doch da Elena eine Taraxx war, waren ihre Flügel kleiner als die einer richtigen Fee, und so konnte sie nur einige Zentimeter hoch schweben. Elena wollte nicht, dass Gloria und Mischik sich unnötige Arbeit machten. Immerhin war sie in ihrem bisherigen Leben immer gelaufen, dann würde sie es auch in Facyra tun.

Es ist schon komisch, dachte Elena. In Märchen wie zum Beispiel *Dornröschen* reden die Feen immer so geschwollen. Aber Mischik und Gloria reden wie normale Menschen. Scheinen moderne Feen zu sein.

Elena kicherte leise und fühlte sich schon viel besser. Sie kamen an einem großen, grünen Schild vorbei, das Elena irgendwie bekannt vorkam:

Haltestelle Pilzexpress
Seeweg
Express Facyra
Hier fahrende Expresse: B, C und H.

Gab es in Facyra Bushaltestellen? Elena wischte sich eine letzte Träne aus dem Augenwinkel und rief nach vorne:

»He, Gloria, Mischik, was ist denn das für ein Schild?«

Die Feen drehten sich um und musterten einen Moment lang das Schild, dann erwiderte Gloria: »Das ist 'ne Pilzexpresshaltestelle für einen Pilzexpress, so 'ne Art Zug, wie ihr Menschen das nennt. Besteht aus sieben riesigen Fliegenpilzen auf Rädern, die durch feste Grashalme miteinander verbunden sind. Damit fahren wir morgens zur Schule. Die werden allein durch magische Kraft angetrieben. Leider gibt es nur wenige Haltestellen, in ganz Seelia, genauer gesagt auf 83 Quadratkilometern, gibt's nur drei.« Mischik nickte zustimmend.

»In Facyra bestehen die Pilzexpresse aus Fliegenpilzen, in Kjaja aus Steinpilzen und in Mieda aus Pfifferlingen. Fliegenpilze sind allerdings am gemütlichsten. Steinpilze sind total hart, vielleicht heißen sie deshalb so. Und Pfifferlinge gehen voll schnell kaputt, daher wohl der Ausspruch, dass etwas keinen Pfifferling wert ist. Es ist also schrecklich, wenn wir Klassenausflüge in andere Feenländer machen müssen. Dann würden wir am liebsten fliegen, aber das ist für junge Feen wie uns noch zu anstrengend und zu weit. Unsere Flügel würden nach kurzer Zeit wehtun. Und außerdem ... oh, da kommt gerade einer.« Elena drehte sich um und sah, wie ein leeres, langes Pilzgefährt auf sie zukam. Auf dem vordersten Pilz stand in blauer Farbe: »B«.

»Klasse! Mit dem können wir zum Palast fahren«, freute sich Mischik. »Kommt, steigt auf!«

Elena ließ sich das nicht zweimal sagen und nahm auf dem ersten Pilz Platz. Allerdings fiel es ihr recht schwer, eine entspannte Sitzposition zu finden, da für Elenas Empfinden auch die Fliegenpilze ganz schön hart waren. Wahrscheinlich fanden nur Feen die Pilze bequem. Nachdem auch Mischik und Gloria aufgestiegen waren, setzte sich der Express langsam in Bewegung.

»Gibt es bei euch in der Menschenwelt nicht so 'ne Art Busse?«, wollte Gloria wissen.

»Ja«, antwortete Elena, »allerdings sehen die ganz anders aus als die Expresse hier. Unsere Busse sind quaderförmig, haben vier Räder und sind oben mit einem Dach geschlossen«, und fügte in Gedanken hinzu: Die Sitze in unseren Bussen sind außerdem um Welten bequemer.

»Ah«, machte Gloria. »Weißt du, in Feenschulen gibt es das Fach Menschenkultur, und ich muss über die Ferien ein Referat über die Fortbewegungsmittel in der Menschenwelt vorbereiten, Mischik ist über den Stundenplan eines Menschen dran.«

»Genau«, fiel Mischik ein. »Welche Fächer gibt es in einer Menschenschule?«

»Mathematik, also Rechnen, Deutsch, Englisch, Französisch«, zählte Elena auf. »Musik, Biologie, da geht es um Tiere, Pflanzen und andere Lebewesen, dann noch Erdkunde, Chemie, da machen wir Experimente, Physik, da geht's um Sachen wie Strom und so, Kunst, Sport und Schwimmen.«

»Feen können leider nicht schwimmen«, sagte Gloria traurig. »Schade eigentlich, ich würde es so gerne lernen ...«

»Du musst wissen«, setzte Mischik zu einer Erklärung an, »wir können nicht schwimmen, da wir so große Flügel haben. Wenn wir in einen See fallen sollten, werden unsere Flügel nass und ziehen uns durch ihr Gewicht nach unten. Das könnte lebensgefährlich für uns sein! Jeder, der einen anderen nur zum Spaß in ein tiefes Gewässer schubst, wird zu einem halben Jahr Murawood verurteilt.«

Der Pilzexpress hielt an der Haltestelle Fliedersee, und zwei Elfen stiegen auf.

»Stimmt es, dass Elfen männliche Feen sind?«

»Ja«, nickte Gloria. »Wow, du bist erst 'ne halbe Stunde in Facyra und weißt schon so viel!«

»Na ja«, wehrte Elena verlegen ab, »das stand doch alles in *Feenzauber*. Ich musste ja nur lesen.«

Während der viertelstündigen Fahrt zum Palast schwärmte Gloria von der Feenkönigin:

»Tara ist schon ewig lange unsere Königin. Sie ist in Facyra vor allem wegen ihrer Gerechtigkeit und ihrer sanften Wesensart beliebt. Du kannst dir ja gleich selbst ein Bild von ihr machen, aber ich bin mir ziemlich sicher, dass du sie mögen wirst.«

Im königlichen Palast

Nachdem sie an der Haltestelle Kristallpalast abgestiegen waren, bot sich ihnen ein fabelhafter Anblick: Das riesige Schloss bestand ganz und gar aus Glas. Über der transparenten Tür glitzerten zahlreiche Smaragde, Rubine, Saphire, Kristalle, Amethyste und Diamanten. Die Türme hatten blassrosa Dächer, auf deren Spitzen goldene Sterne im Sonnenlicht blitzten.

Elena kam aus dem Staunen gar nicht mehr heraus. Gloria und sie bewunderten den Palast einige Minuten lang.

»Kommt jetzt«, drängte Mischik. »Wollt ihr hier Wurzeln schlagen, oder wie?«

»Ja, ja«, raunzte Gloria widerwillig. »Wir kommen ja schon.«

Elena öffnete die gläserne Palasttür, und sie traten ein.

Auch im Inneren des Schlosses war alles transparent. Die drei stiegen die erste Treppe hinauf, und nach 138 Stufen standen sie endlich vor einem langen Flur.

»Wir müssen ganz nach hinten«, wusste Mischik, die sich im Palast gut auskannte, da ihre Mutter schon viele Jahre dort als königliche Schneiderin angestellt war. »Seht ihr die silberne Tür am Ende des Flures? Da, wo die beiden Wächtertypen stehen? Das ist der Thronsaal, und dort müsste die Königin zu finden sein.«

Schnell liefen sie nach vorne zu der Tür. Als die drei dort ankamen, raunzte der Rechte, der eine lange Narbe auf der Wange hatte, Gloria an:

»Ausweis!«

Gloria zuckte zusammen und wich erschrocken ein paar Schritte zurück. Nun schob sich Mischik nach vorne.

»Désirée«, säuselte sie. »Schön, dich wieder einmal zu sehen.« Dann veränderte sich ihr Ton. »Und jetzt rück beiseite, Fettklops. Wir wollen rein.«

Désirée schnappte nach Luft. »Soll ich dich vermöbeln, Minifee?«

»Nee, danke, nicht nötig«, gab Mischik kühl zurück.

Désirée blickte den anderen Elf hilfesuchend an. Sollte der doch auch mal was sagen!

Dann sprach die Fee den Wächter links von ihr an.

»Du musst Herô sein, richtig?«

»Woher weißt du das?« Herô beäugte Mischik misstrauisch. Die Fee grinste.

»Schon mal was von HdH gehört?«

»Nein«, Herô schüttelte den Kopf. »Was ist das?«

»Das heißt nicht, *was* ist das, sondern *wer* ist das«, korrigierte Mischik. »HdH steht für Herô der Hässliche. Und da ich mir niemand Hässlicheren als dich vorstellen kann, musst du Herô sein, stimmt's?« Herô sah Mischik entsetzt an.

»I . . . ich bin h . . . hässlich?«

»He«, griff Désirée, der seine Sprache wiedergefunden hatte, jetzt ein. »Ich hol gleich unseren Chef!« Und er knurrte Herô an: »Verhalt dich mal ’n bisschen mehr wie ein Mann!«

»Hol doch deinen Chef«, lächelte Mischik. »Aber dann rennen wir den Hässlichen um und stürmen den Thronsaal.«

»Dumme Fee!«, fauchte Désirée

»Blöder Wächter!«, stichelte Mischik weiter.

»Blondine!«

»Farbenblinder!«

»Geflügelte Zicke!«

»Untreuer!«

Das saß. Désirée taumelte zurück.

»Herô«, schrie er heiser. »Los! Fangen wir sie!«

»Umdrehen!«, rief Mischik. »Und rennen! Aber bleibt dicht bei mir, ich weiß, wo’s lang geht!«

Die drei machten kehrt und rannten, als wäre der Teufel hinter ihnen her. Herô und Désirée waren ihnen dicht auf den Fersen.

»Musste das sein?«, keuchte Gloria. »Das hast du mal wieder toll hinbekommen, Mischik!«

Mischik überhörte die Vorwürfe ihrer Freundin und schnaufte zurück:

»Elena, am Ende des Flures biegen wir rechts ab. Wenn ich *die Treppe runter* rufe, sagen wir drei leise die Worte

Wersal al Mondea und schleichen uns dicht an die Wand gepresst zurück zum Thronsaal, verstanden?«

Gloria und Elena nickten. Sie bogen rechts ab, und Mischik rief den beiden laut zu:

»Jetzt die Treppe runter!«

Wersal al Mondea, flüsterten die drei. Keine Sekunde zu früh, denn schon erschienen Désirée und Herô, das heißt, sie konnten hören, dass sie kamen, sie aber komischerweise nicht sehen, und rannten geradewegs die Glastreppe hinunter. Elena beschloss, Mischik nachher zu fragen, wieso sie die Wächter nicht sehen konnten.

»Wir kriegen euch!«, hörten sie Désirée wütend brüllen.

Als von den beiden Wächtern nichts mehr zu hören war, liefen Mischik, Elena und Gloria dicht an der Wand entlang zurück zum Thronsaal.

»Sind wir etwa ... unsichtbar?«, fragte Elena erstaunt, als sie wieder vor der silbernen Tür standen.

»Ja«, nickte Gloria. »Was glaubst du, warum die Wachen uns nicht sehen konnten?«

Elena seufzte leise. Sie wusste nicht, was sie in dieser verrückten Welt glauben konnte und was nicht. Niemals hätte sie gedacht, dass Feen und Elfen wie normale Menschen aus dem 21. Jahrhundert sprachen.

Was Mischik vorher von sich gegeben hatte, hatte schon heftig geklungen. Aber das Wort *Untreuer* hatte den Wächter fast umgehauen. Es schien eines der schlimmsten

Schimpfwörter der Feenwelt zu sein. Gloria riss Elena jäh aus ihren Gedanken.

»Kommt, ich will endlich in den Thronsaal!«

»Jetzt drängst aber du«, beschwerte sich Mischik. Gloria und sie riefen *Abriosi Fercitum*! und waren verschwunden. Elena drehte sich einmal um sich selbst in der Hoffnung, eine von ihnen zu sehen, doch die Feen waren noch immer weg.

Dann schlug sie sich die Hand vor die Stirn. Natürlich! Wieso war ihr das erst jetzt eingefallen? Irgendwo in dem Buch ...

Elena kramte in ihrer grünen Tasche herum, fischte *Feenzauber* heraus und blätterte die Seiten durch. Ach, da! Auf Seite 198 wurde sie fündig:

Viele Menschen träumen davon, fliegen zu können, andere fasziniert die Kunst des Unsichtbarmachens. Dieser alte Zweig der Magie besteht keineswegs darin, durchsichtig zu werden, man nimmt lediglich die Farben des Hintergrundes an und wird somit für das menschliche Auge unsichtbar.

Das kann manchmal sehr nützlich sein, allerdings gibt es an der Sache einen Haken: So wie ein Sichtbarer einen Unsichtbaren nicht sehen kann, so sieht auch der Unsichtbare den Sichtbaren nicht.

Das musste vorher mit Désirée und Herô geschehen sein, war sich Elena sicher. Und Gloria und Mischik waren nun bestimmt ganz in ihrer Nähe. »Wie geht der Spruch?«, rief Elena laut in den Flur hinein, während sie das Buch zurück in die Tasche steckte.

Abriosi Fercitum, ertönte prompt Mischiks Stimme. Elena wiederholte die magischen Worte und tatsächlich, die beiden Feen standen direkt vor ihr. Gloria prustete gerade drauflos:

»Der eine Wächter heißt doch wohl nicht wirklich Désirée, oder? Das ist doch, soweit ich weiß, ein Frauenname!«

»Er heißt Drako Émil Silik Ignatus Remus Éward Erior«, kicherte Mischik, die über alles Bescheid wusste. »Die Anfangsbuchstaben zusammengesetzt: Désirée! Alle im Schloss nennen ihn so, selbst die Königin. Kommt jetzt endlich!«

Mit diesen Worten drehte sie sich um, drückte die silberne Türklinke hinunter und betrat mit großen Schritten den Thronsaal. Gloria und Elena zögerten noch einen Moment, dann folgten sie ihr vorsichtig.

Im Thronsaal schimmerte alles golden: Die Wände, der Thron, der Boden; selbst das Fensterglas hatte einen leichten Goldton. Und, wie um diesen Eindruck noch zu unterstützen, rieselte von der Decke goldener Staub. Feenkönigin Tara saß in einem langen Kleid aus Rosenblättern auf dem Thron und blickte das Trio durch ihre strah-

lend blauen Augen ehrfürchtig an. Ihre feinen, beherrschten Gesichtszüge täuschten über ihre innere Unruhe hinweg. Ihr kam nur ein Wort über die Lippen:

»Auserwählte.«

»Wie bitte?«, fragte Gloria höflich. Sie hatte nicht die geringste Ahnung, wovon die Königin sprach. Tara strich sich mit dem Finger eine blonde Haarsträhne aus der Stirn und zeigte dann auf die drei.

»Ihr seid die Auserwählten. Zwei Feen und eine Taraxx.«

Gloria und Mischik sahen einander an. Ihre Vermutung, dass Elena eine Taraxx war, hatte sich soeben bestätigt. Der Goldregen um sie herum wurde schwächer und hörte schließlich ganz auf.

»Die Auserwählten, um das Vermächtnis meines lieben Gatten Veron zu erfüllen«, erklärte Tara. »In seinem letzten Brief schrieb Veron: *Wenn es einmal Gold regnen sollte, so stehen die Auserwählten darunter.*«

Tara machte eine kurze Pause. Sie war noch sichtlich ergriffen.

»Hört gut zu«, bat sie. »Es geht um Leben und Tod. Nur ihr könnt die sieben magischen Edelsteine finden, um Facyra vor dem Bösen zu bewahren.«

Sie griff nach einem Pergament, das auf einem kleinen Tischchen neben ihr lag, entrollte es und begann laut vorzulesen:

»Rot bin ich, rot wie Blut,
oder wie des Feuers Glut.

Lieg' ich, orange, in 'nem Kanal?
Oder lieber doch im Saal?

Gelb bin ich, gelb wie die Sonne,
glitzere in voller Wonne.

Ich bin 'ne große, grüne Pracht,
schimmere bei Tag und Nacht.

Blau bin ich, ja, hellblau wie's Meer.
Doch's Meer, das ich mein, das ist leer.

Meine dunkelblaue Stärke ist so stark,
da geht es dir durch Bein und Mark.

Ich sag nur: Ich bin violett,
im Palast macht sich das wirklich nett.«

»Hä?«, war Mischiks einziger Kommentar dazu.

»Diese Zeilen hat Veron mir einst zusammen mit einem Brief hinterlassen«, erklärte Tara. »Darin stand, dass er die Edelsteine an sicheren Orten versteckt hatte. Die Verstecke hat er mir niemals verraten, da er nicht wollte, dass ich mich auf die Suche nach ihnen mache. Er war der Meinung, dass dies für eine Königin viel zu gefährlich wäre. Sollte mir etwas zustoßen, hätte Facyra keinen Herrscher mehr, und das Land könnte im Chaos versinken. Man muss die Steine in mein Zepter einfügen, wodurch sich die Zauberkraft des Zepters um ein Vielfaches verstärkt. Ihr sollt die Steine suchen, denn ihr müsst wissen, dass sie sogar Croija besiegen können. Vor wenigen Tagen fand ein Massenausbruch aus Murawood statt. Nick Ilograda der Schreckliche und Aloius Siad waren noch die Harmlosesten, die freikamen. Croija ist noch viel schlimmer als sie. Aber Vlator ist der Fürchterlichste von allen. Schon viele Magier, Feen und Elfen wurden von seinem Zorn getroffen. Ich erzähle euch lieber nicht, was mit ihnen geschah.«

Mischik senkte langsam den Kopf.

»Wieso tut er das?«, wisperte Gloria ängstlich.

»Weil er grausam ist«, antwortete Tara mit belegter Stimme. »Er ist zwar nicht so bekannt wie Croija, aber dafür umso boshafter.«

Elena lief ein Schauer über den Rücken.

»Was ich eigentlich sagen wollte, ist«, fuhr Tara fort, »von 19 Geflohenen konnten alle bis auf zwei wieder gefangengenommen werden. Und diese beiden, die ich meine, waren Vlator und Croija.«

»Nun«, Tara zögerte kurz, »eure Aufgabe ist lösbar, aber eure Reise wird nicht ganz ungefährlich sein. Sicherlich werden Vlator und Croija von der Tatsache, dass die drei Auserwählten nach den sieben Steinen suchen, die ihnen jede Zauberkraft rauben können, nicht sehr begeistert sein. Wir sollten die Sache so geheim wie möglich halten.«

Elena, Mischik und Gloria schluckten. Was kam da auf sie zu? Sie waren doch nur drei zwölfjährige Mädchen!

Tara spürte, was in den Köpfen der drei vor sich ging. Doch sie wusste auch, dass es keine andere Möglichkeit gab.

»Veron wollte, dass die Auserwählten sich drei Sachen wünschen dürfen, die sie auf der Reise begleiten sollen. Jede von euch hat also einen Wunsch frei. Was wollt ihr?«, sagte sie schnell und sah die Mädchen erwartungsvoll an.

»Fliegende Pferde«, sagte Elena wie aus der Pistole geschossen. »Wenn wir an einen weit entfernten Ort müssen, können wir auf ihnen reiten. Außerdem kann ich, weil ich eine Taraxx bin, nicht gut fliegen.«

»Ja, magische Pferde wären eine gute Idee«, stimmte Gloria zu. »Aber ein Koffer mit Medikamenten, Heilkräutern und Verbandsmaterial ist auch wichtig.«

»Und was ist mit Proviant, Getränken und all dem Zeug?«, warf Mischik ein. »Sollen wir verhungern, oder wie?«

Die drei gerieten in eine wilde Diskussion, was wohl am wichtigsten wäre, bis Tara auf einmal »Leise!« rief. Ihre sanfte, aber eindringliche Stimme duldete keinen Widerspruch. Schlagartig verstummten die Mädchen.

Compareo! befahl die Feenkönigin, und eine magentarote Tasche erschien vor Mischik. »Das stelle ich euch zur Verfügung«, erklärte Tara. »Packt ruhig aus.«

Elena und Gloria versammelten sich um Mischik, die die Tasche bereits vom Boden aufgehoben und geöffnet hatte. Dann zog sie ein zusammengerolltes Pergament, ein samtenes, violettes Säckchen, ein graues, prall gefülltes Säckchen und ein dickes Buch heraus. Das Pergament entpuppte sich als Karte mit den drei Feenländern, auf der alle Straßen, Wege, Schlösser und Läden mit Namen eingezeichnet waren. Darunter stand das Gedicht. In dem grauen Säckchen befanden sich Hunderte von Goldmünzen. Mischik wollte sofort anfangen zu zählen, doch Tara lächelte und sagte, es wären genau 500 Stück, worauf Mischik die Augen aufriss. Das violette Säckchen war leer, wahrscheinlich für die sieben Steine. Und auf dem Buchdeckel des Buches stand in goldener Schrift: *Zaubersprüche.*

»Eine Karte, Unmengen von Geld, ein Buch über Zaubersprüche und ein Säckchen für die magischen Kristalle«, fasste Gloria zusammen.

»Und nun zu euren Sonderwünschen«, fuhr Tara fort und sprach: *Incantare!* Als sie dieses Wort ausgesprochen hatte, standen plötzlich drei Pferde mit prächtigen Flügeln im Saal. Eines glich dem anderen, doch bei näherem Hinsehen erkannte man, dass ihre Flügelspitzen verschiedenfarbig waren.

»Darf ich vorstellen?« Tara wies mit dem Finger auf den Pegasus mit den silbernen Flügelspitzen. »Das ist Siric«, dann zeigte sie auf das Pferd mit den rosa Flügeln: »Dava«, und deutete auf das dritte Tier mit den blauen Spitzen: »Vacanse.«

»Das hätten wir auch selbst sagen können«, meinte Dava, ging auf Mischik zu und beschnupperte sie von allen Seiten. Ah, dachte Elena, anscheinend können die Pferde hier sogar sprechen. Trifft sich gut, dann können wir mit ihnen reden. Nun trabte Vacanse auf Gloria zu, und Siric kam zu Elena. Die strich dem Pegasus über die Nüstern und wisperte:

»Hallo, du bist ja süß, ich bin Elena.«

Siric schnaubte zufrieden.

»Ihr werdet die Mädchen überall hinbringen, wohin sie wollen«, befahl Tara. »Im Gegenzug dafür werden die Mädchen euch gut pflegen. Ach, übrigens: Wenn ihr Essen wollt, sprecht die Worte *Cenaturio*. Die Arzneimittel findet ihr in der roten Tasche.«

»Wann sollen wir aufbrechen?«, wollte Gloria wissen.

»Am besten sofort«, lautete Taras Antwort. »Ihr habt nicht viel Zeit, denn Elena kann nur zwei Tage bei uns sein. Ich wünsche euch viel Glück! *Aperis*!«

In der Decke tat sich ein großes Loch auf, groß genug für drei Pferde. Gloria nahm die rote Tasche, hängte sie sich um und stieg auf Vacanse. Auch die anderen beiden saßen auf.

Die Reise der Auserwählten

Siric, Vacanse und Dava trabten langsam an, wechselten in einen schnellen Galopp und hoben dann vom Boden ab. Sie flogen durch das Loch, stiegen noch ein Stück höher und glitten geräuschlos durch die Luft.

»Wohin?«, fragte Vacanse.

Gloria holte die Karte mit den Reimen und las das erste Rätsel vor:

»Rot bin ich, rot wie Blut,
oder wie des Feuers Glut.«

»Wann starb Veron noch gleich?« grübelte Gloria.

»Vor ungefähr fünf Jahren, aber was tut das zur Sache?«, erwiderte Mischik gereizt.

»Viel«, gab Gloria bissig zurück. »Denn zufälligerweise brannte wenige Wochen vor seinem Tod der westliche Teil des Waldes ab. Dann würde das mit *wie des Feuers Glut* schon einmal hinkommen! Wir müssen nach Geschehnissen vor fünf Jahren suchen, Mischik!«

Mischik war baff. Gloria hatte Recht! Der König hatte in seinem Rätsel die Orte der versteckten Steine beschrieben, folglich konnte der rote Stein tatsächlich im Wald versteckt sein!

»Auf zum Wald!«, rief Mischik, und ihre geflügelten Be-

gleiter legten nochmals einen Zahn zu. Nach kurzem Flug tauchte unter ihnen ein großer, grüner Wald auf, der an einer Stelle völlig verbrannt war.

»Achtung, festhalten!«, gab Siric bekannt, und die drei sausten im Sturzflug in die Tiefe. Nachdem sie gelandet waren, stiegen die Mädchen vom Rücken der Pferde ab und sahen sich um.

Überall lagen umgestürzte und verbrannte Bäume herum. Der Boden war knochentrocken, und auf den wenigen noch stehenden Bäumen hockten Krähen, die sie misstrauisch anstarrten. Sie stiegen wieder auf, und die Tiere galoppierten in den nicht verbrannten Teil des Waldes hinein. Es war unheimlich still, und zu allem Unglück fing es nun auch noch an zu regnen.

»Mist!«, murrte Elena. »Kommt, wir müssen nach 'nem Unterschlupf suchen!«

Ein Gewitter zog auf, und in der Ferne konnte man schon das Grollen des Donners hören.

»Da!«, rief Elena plötzlich.

Vor ihnen führte ein schmaler Weg in eine Höhle aus großen Felsbrocken. Der Eingang war für die Pferde zum Glück breit genug, und so betraten sie nacheinander die Höhle. Sie standen in einem großen Raum. In seiner Mitte loderte ein rotes Feuer, und dem Eingang gegenüber waren hoch oben im Halbdunkel Wörter in den Stein geritzt:

Freund,
wenn du diese Höhle betrittst.
soll dir ein Feuer brennen,
soll dir die Möglichkeit zu schlafen bereitet sein,
sollst du geborgen sein.

Elena blickte in die hintere Ecke der Höhle. Tatsächlich stand dort ein Bett aus Stein, das allerdings nicht sehr kuschelig aussah. Sie stieg ab, drehte sich zu den anderen um und fragte in die Runde:

»Hat einer von euch Lust, auf dem knüppelharten Bett da zu schlafen?« Alle verneinten. »Gut, dann werde ich dort mal das Buffet aufbauen«, beschloss sie, wandte sich wieder dem steinernen Bett zu, fixierte es mit den Augen und sprach: *Cenaturio!*

Sogleich standen dort Obstteller mit Früchten, einige kannte Elena gar nicht. Daneben fand sich in einem riesigen Topf eine Mischung aus gelben Körnern, Linsen und zerhackten Kräutern.

»Igitt«, machte Gloria und sah die Mischung angeekelt an. »Wer will denn das essen?«

»Wir«, rief Dava entrüstet. »Schon mal an uns gedacht?«

»Na, dann wünsche ich einen guten Appetit«, unterbrach Mischik das Geplänkel.

Gloria beäugte zweifelnd das Futter, worüber sich die Vierbeiner gerade hermachten, doch dann griff sie sich einen Pfirsich, der aussah wie gemalt, und genoss den süßsaftigen Geschmack.

Elena hatte sich ein paar Trauben genommen und musterte Mischik, die eine Frucht mit hellblauer Schale aß. Das Fruchtfleisch dagegen war blutrot. Gloria hatte Elenas Blick gesehen und wisperte ihr zu:

»Eine Arbeere, schmeckt ähnlich wie 'ne Kirsche.«

»Ah«, machte Elena.

Nachdem sie die Obstteller leer gegessen hatten, verschwanden diese sogleich, und ein Weißbrot erschien. So ein leckeres Brot hatte Elena noch nie gegessen! Für die Pferde gab es nun Hafer und drei Eimer mit Wasser. Und nachdem auch das verspeist war, flog ein Blech mit Feentörtchen in Größe von Muffins heran.

»Mann!«, stöhnte Mischik. »Ich bin so voll! Wenn jetzt noch was kommt, ess ich's nicht mehr!«

Aber dann nahm sie sich doch ein Törtchen. Zum Schluss erschienen noch drei Gläser mit Saft. Elena, die den ganzen Tag über nichts getrunken hatte, leerte ihr Glas zügig, stellte es wieder hin, und es verschwand. Nachdem alle getrunken hatten, gähnte Siric:

»Ich bin müde. Lasst uns schlafen gehen.«

Die Tiere ließen sich nieder und versuchten eine einigermaßen bequeme Lage zu finden.

»Elena«, wisperte Siric. »Habt ihr Decken dabei?«

Elena starrte den Pegasus an. »Ist dir etwa kalt? Ich

dachte immer, dass Pferde ein so dickes Fell haben, dass sie gar nicht frieren können!«

»Nicht für mich«, entgegnete Siric und wieherte. »Für euch!«

Siric hatte Recht! Sie hatten gar keine Decken mitgenommen! Obwohl in der Höhle ein großes Feuer brannte, kam durch den Eingang eiskalte Luft.

»Echt super, wir haben einen Haufen Goldmünzen, aber die warmen Decken haben wir vergessen«, antwortete Elena leicht verärgert.

»Aber wir haben eine dabei«, schnaubte Siric, erfreut darüber, Elena helfen zu können. »Unsere Flügel sind so warm wie eine Decke!«

»Danke!«, strahlte Elena und legte sich neben Siric. Plötzlich entfuhr Gloria ein leiser Schrei.

»Vacanse, du blutest ja!«

»Was?«, rief Vacanse erschrocken. »Wo denn?«

»An deinem Flügel!«

Das Tier zuckte zusammen.

»Ist es sehr schlimm?«

»Du kannst sicher noch fliegen«, beruhigte Gloria das verängstigte Tier. »Ich werde die Stelle verbinden, sonst könnte sich die Wunde entzünden.« Sie holte die Tasche mit den Medikamenten, öffnete sie und nahm eine lange Mullbinde heraus. Gloria wickelte sie behutsam um die blutende Stelle und klebte sie dann mit einem Stück Harz fest.

»Danke!«, rief Vacanse erleichtert und atmete tief durch.

»Wieso haben die Pferde in Facyra eigentlich so komische Namen?«, fragte Elena Mischik leise. Sie wollte Siric und die Anderen damit nicht beleidigen.

»Weiß nicht«, flüsterte Mischik zurück, »ich hab nur mal gehört, dass Stutennamen meistens mit den Buchstaben c, a, e und y aufhören, Hengstnamen mit o, r oder d.«

»Dann haben wir also drei Stuten«, schlussfolgerte Elena. Mischik nickte.

»Und ich dachte, ein Pegasus ist immer männlich, aber hier im Feenreich ist wohl alles irgendwie ganz anders.« Elena wunderte sich inzwischen kaum noch.

Siric konnte doch noch nicht einschlafen. Sie war aufgestanden und gesellte sich zu den Mädchen, die sich mittlerweile über die Wächter im Palast unterhielten. Mischik spottete gerade über Désirée, was für ein komischer Kerl der doch wäre. Da fiel ihr Siric ins Wort.

»Über welchen Wächter lästert ihr gerade?«

»Über Désirée«, sagte Elena.

»Ach der«, meinte Siric gedehnt. »Der war schon immer so. Manchmal hat er Stalldienst, und wenn ihm einer von uns im Weg rumsteht, knallt er dem eine.«

»Und das findest du nicht schlimm?«, fragte Mischik entsetzt. Désirée schien noch übler zu sein, als sie gedacht hatte.

»Nein«, erwiderte Siric leichthin. »Wir treten dann nach

ihm. Dava war es, die Désirée die Narbe auf seiner Wange verpasst hat. Sie hat ausgeschlagen, als er ihr zu nahe gekommen war. Seitdem hält er zu ihr ganz großen Abstand.«

»Kommt, gehen wir schlafen«, bat Mischik. »Ich bin todmüde, und morgen müssen wir früh aufstehen, vergesst das nicht.«

Elena rollte sich unter Sirics Flügel zusammen und war schon bald eingeschlafen. Kurze Zeit später hörte man aus der Höhle nur noch gleichmäßige Atemgeräusche.

Die magischen Kristalle

Ein lauter Donnerschlag grollte durch die Nacht. Elena schreckte hoch. Die Höhlenwände bebten, kleinere Felsbrocken lösten sich von der Decke und fielen zu Boden. Elena blickte sich entsetzt um. Alle schliefen tief und fest. Selbst die sensiblen Tiere wachten nicht auf. Wie betäubt lagen sie da. Zum Glück war keiner von den Schlafenden getroffen worden. Elena stand auf und schlich leise, um niemanden aufzuwecken, zum Ausgang. Draußen tobte inzwischen der Sturm so stark, dass er bereits ein paar Bäume entwurzelt hatte. Doch was war das? Elena sah angestrengt in den Wald hinein. War da nicht gerade jemand gelaufen?

Wieder züngelte ein greller Blitz, gefolgt von einem ohrenbetäubenden Donnerknall, aus dem schwarzen Nachthimmel herab und schlug nur wenige Meter entfernt in eine Gruppe von Bäumen ein.

Elena duckte sich, um nicht von den umherfliegenden Holzsplittern getroffen zu werden. Da! Eine hochgewachsene Gestalt mit einem langen, schwarzen Umhang und Kapuze hetzte ungefähr zwanzig Meter entfernt an ihr vorbei. Sie blieb an einem Ast hängen, der ihr die Kapuze vom Kopf riss. Im fahlen Mondlicht erkannte Elena eine Frau mit dunkelgrauem, bodenlangem Haar, die ein Säckchen in der einen und etwas Glitzerndes in der anderen Hand hielt. Sie nahm Anlauf und sprang über einen Baum-

stumpf. Weil der moosbewachsene Waldboden feucht war, rutschte die Frau aus, der Beutel entglitt ihrer Hand und fiel genau in eine schmale Felsspalte. Sie stieß einen Fluch aus, bückte sich und versuchte, ihn verzweifelt herauszuziehen. Ihre Finger waren jedoch zu dick, und so rutschte das Säckchen nur noch tiefer hinein. Die Frau fluchte erneut, war dann aber wohl doch der Meinung, dass der Beutel dort sicher verwahrt war. Sie stand auf, blickte sich einmal rasch um, zog die Kapuze wieder über und eilte davon. Nach wenigen Sekunden war sie im Wald verschwunden.

Elena hatte sich genau gemerkt, wo das Säckchen hingefallen war. Sie rannte schnell zu dem Platz und suchte den Boden ab. Sie erblickte es in der schmalen Felsspalte. Darum also hatte die Frau es nicht mitgenommen, sie war nicht drangekommen!

Sie zog das Säckchen aus der engen Vertiefung, was ihr mit ihren schlanken Händen mühelos gelang, und spurtete zur Höhle zurück. Dort öffnete Elena den Beutel, und heraus fielen ein roter, ein gelber, ein grüner, ein hellblauer und ein violetter Stein. Elena stockte der Atem.

»Die Zauberkristalle«, hauchte sie ehrfurchtsvoll.

»Leider nur fünf. Die hätte ruhig alle verlieren können«, sagte eine Stimme hinter ihr. Elena fuhr herum und blickte in Mischiks Gesicht.

»Meinst du, die sind echt?«, fragte Elena.

»Ich hab ausnahmsweise einmal im Fach Mineralien aufgepasst«, erwiderte Mischik, »die magischen Kristalle sollen unzerstörbar sein.« Sie bückte sich, hob den roten Stein auf, nahm drei Schritte Anlauf und warf ihn mit voller Kraft gegen die Höhlenwand. »Ein normaler Stein sollte nun entzweigebrochen sein«, erklärte Mischik, »doch der hat nicht mal 'nen Kratzer. Komm, wir müssen alle fünf durchprobieren!«

Nun schleuderten Elena und Mischik abwechselnd die Steine gegen die Wand, doch keiner wurde beschädigt.

»Voilà«, grinste Mischik, »wir haben fünf der magischen Steine. Wieso sie die Frau wohl eingesammelt hat?« Sie blickte Elena fragend an. Die hob abwehrend die Hände.

»Keine Ahnung. Hast du gesehen, wie ihr die Kapuze runtergerutscht ist? Sie hatte lange, dunkelgraue, fast schwarze Haare, aber keine Flügel. Wer könnte das wohl gewesen sein? Mischik? Geht's dir nicht gut? Mischik!!«

Mischik war während Elenas Beschreibung blasser und blasser geworden. Nun setzte sie sich langsam hin, Elena tat es ihr gleich.

»Sie hatte Flügel«, murmelte sie leise. »Libellenflügel, die kann man runterklappen, deshalb konntest du sie nicht sehen. Elena, das war Croija!«

»Was?«, schrie Elena entsetzt.

»Was ist?« Gloria war aufgewacht.

»Elena hat Croija gesehen«, sprudelte es aus Mischik hervor. »Und Croija hat die da verloren«, sie deutete mit dem Kopf Richtung Steine. »Croija plant etwas. Vielleicht wollte sie die Steine beseitigen, damit wir sie nicht finden können. Doch woher wusste sie, dass wir uns auf die Suche gemacht haben?«

»Croija muss uns während unseres Gesprächs mit Tara irgendwie belauscht haben«, war sich Elena sicher. »Dann hat sie sich vor uns auf die Suche gemacht und das Gewitter heraufbeschworen. Dadurch hat sie sich ein paar Stunden Vorsprung verschafft. Vacanses Flügel hat sie mit einem Zauberspruch verwundet, in der Hoffnung, sie könne dann nicht mehr fliegen!«

Das leuchtete den beiden Feen ein. Die drei sahen sich betreten an. Alle dachten dasselbe: Croija war ihnen dicht auf den Fersen. Sie waren nicht mehr sicher.

Die drei blieben die ganze Nacht auf. Elena überlegte. Ihr schwirrten so viele Fragen durch den Kopf:
Wie sahen Libellenflügel aus?
Wo war der Unterschlupf Croijas, wo der Vlators?
Wie sah Vlator aus?
Welchem Element gehörten die beiden wohl an?

Am nächsten Morgen mussten Elena und Mischik nach dem Frühstück die ganze Geschichte den Pferden erzählen: wie sie aufgewacht waren, die Frau gesehen hatten, der das Säckchen entglitten war, und wie Elena es schließlich geholt hatte. Die drei Tiere hatten neugierig gelauscht, doch nun schwiegen sie bedrückt.

»Können wir nicht einfach zum Palast zurückkehren?«, fragte Vacanse ängstlich.

»Kommt gar nicht in Frage!«, brauste Mischik auf. »Wir sind schon so weit! Ich gebe doch jetzt nicht auf! Nicht jetzt! Zwei Steine fehlen noch, und ich werde erst zurück zum Palast gehen, wenn wir diese gefunden haben!« Sie wandte sich an Gloria.

»Glo, wie siehst du das?«

»Erstens«, raunzte Gloria Mischik an, die überrascht zusammenzuckte, »heiße ich Gloria und nicht Glo, und zweitens finde ich, dass Vacanse Recht hat.« Sie sah in die Runde. »Leute, das ist viel zu gefährlich!« Erst jetzt wurde ihr richtig bewusst, dass zwei Wahnsinnige frei herumliefen. »Erinnert euch an Taras Worte, dass Vlator schon viele auf dem Gewissen hat!«

»Ich bin der Meinung, dass wir weitermachen sollen«, sagte Elena plötzlich. »Croija hatte in der anderen Hand etwas Glitzerndes, das waren doch bestimmt die anderen Steine! Wieso sie die wohl nicht in das Säckchen getan hat? Irgendwie wirkte sie gestresst und auch etwas schusselig. Das könnte jetzt unsere Chance sein. Wir müssen Croija unbedingt finden! Sie hat die letzten beiden Steine. Was meint ihr, Siric und Dava?«

»Wir müssen Croijas Versteck finden«, stimmte Dava zu.

»Ich bin ihrer Meinung«, nickte Siric. Stille. Dann sah Mischik Gloria entschuldigend an.

»Sorry, aber es steht vier zu zwei. Wir haben gewonnen, also werden wir zusammen weitersuchen. Abgemacht ist abgemacht.«

»Gut«, lenkte Gloria ein, »aber wir müssen sehr vorsichtig sein, verstanden?«

»Klaro«, lachte Mischik.

Elena schwang sich auf Sirics Rücken, Mischik und Gloria stiegen ebenfalls auf. Dann preschten die Pferde mit ihren Reitern aus der Höhle hinaus.

»Wir müssen nach Hinweisen suchen«, schrie Mischik gegen den Wind an.

»Was für Hinweise?«, brüllte Gloria zurück.

»Über den Aufenthalt Croijas!«, lautete Mischiks Antwort. »Und ihr, Pferde, macht bitte etwas langsamer! Man versteht sein eigenes Wort nicht!«

Doch die Vierbeiner wurden nicht langsamer, im Gegenteil, sie wurden noch schneller!

»Was ist denn los?«, fragte Elena besorgt. Siric war schon ganz durchgeschwitzt und keuchte:

»Croija ... Versteck ... spüren etwas ... muss weiter ...«

»Siric!«, rief Elena, nun aber panisch. »Bleib stehen! Das ist ein Befehl!«

Die Pferde blieben tatsächlich stehen, allerdings so abrupt, dass die Mädchen fast von ihren Rücken flogen.

»Was war denn das?«, schnaufte Elena. Ihr war, als wäre sie zehn Stunden am Stück Achterbahn gefahren, richtig übel.

»Fliegende Pferde haben wie Delfine ein Echolotsystem«, erklärte Gloria. »Allerdings müssen sie dafür sehr viel Energie aufwenden und sich auf die Person ganz genau konzentrieren. Deshalb aktivieren es die Tiere nur selten. Jetzt jedoch haben sie Croija aufgespürt. Sie muss in der Nähe sein! Leider können sie nur Personen im Umkreis von wenigen Kilometern spüren, und diesen Kreis hat sie gerade überschritten, sodass Vacanse, Siric und Dava nicht mehr wissen, wo sie nun ist.«

Nun verstand Elena das Verhalten der Pferde.

»Aber deshalb müsst ihr doch nicht so rennen«, rief sie entrüstet. »Mir ist schlecht, und ihr braucht nun eine kurze Pause. Letztendlich hat es doch gar nichts gebracht!«

»Sie ist im Schloss«, sagte Siric dann leise.

»WAS?«, brüllte Mischik. »Und das sagt ihr erst jetzt?«

»Ihr habt uns nicht zu Wort kommen lassen«, verteidigte sich Dava.

»Genau«, bekräftigte Vacanse. Siric schnaubte zustimmend.

»Habt ihr nichts Besseres zu tun als zu streiten?«, schrie Elena. »Ist euch klar, was es bedeutet, dass Croija im Schloss herumrennt? Womöglich hat sie eine andere Gestalt angenommen, vielleicht die eines Dieners, steht gerade im Thronsaal und bedroht Tara!«

»Auf geht's!«, rief Dava, und die Pferde stürmten los, stießen sich kraftvoll vom Boden ab und flogen zu Taras Schloss.

Croijas Versteck

Als sie einige Minuten geflogen waren, rief Vacanse:

»Ich hab sie wieder! Sie steht im Mittelpunkt des Palastes!«

»Gut«, freute sich Elena, »jetzt haben wir sie!«

Als sie direkt vor dem Gebäude landeten, wurden sie von Tara vom Thronsaal aus beobachtet, die über die gesunde Rückkehr ihrer Freunde erleichtert und glücklich war. Doch warum hielt Dava einen Moment inne? Tara ahnte nichts Gutes.

»Hä? Ich spüre Croija unter mir!«, stellte das Pferd verblüfft fest.

»Ich auch«, erwiderte Siric verwundert.

»Wir müssen mit den Stuten in den Keller oder in das unterste Stockwerk«, beschloss Elena.

»Pferde dürfen aber nicht so einfach im Schloss herumgaloppieren«, widersprach Gloria. Mischik grinste und sagte:

»Sorry, aber wir können euch nur so reinschmuggeln. *Faciesmulti!*« Und statt der Pferde standen nun drei gleichaltrige hübsche Feen vor ihnen.

»Du Monster!«, kiekste Vacanse. »Wehe, wenn du den Rückverwandlungszauber nicht kennst!« Dava starrte ungläubig an sich hinunter, als könnte sie nicht glauben, was sie sah. Und Siric versuchte ihre ersten Schritte auf zwei

Beinen, stolperte jedoch und landete unsanft auf dem Palastboden. Vacanse meckerte noch immer, wie unverschämt es sei, jemanden in eine andere Gestalt zu verzaubern, wenn derjenige es ihm gar nicht erlaubt hatte, doch keiner hörte ihr richtig zu.

Siric hatte sich inzwischen wieder aufgerappelt und hielt sich krampfhaft an Glorias Arm fest, um nicht noch einmal zu stürzen. Die verwandelten Pferde gaben wirklich ein lustiges Bild ab.

»Da geht's in den Keller«, wusste Mischik und zeigte auf eine Treppe, die nach unten führte. »Schnell runter, bevor 'ne Wache vorbeikommt!« Die Mädchen stützten Siric, Vacanse und Dava, die beim Treppenlaufen noch größere Probleme hatten. Bei der Hälfte der Treppe stöhnte Dava auf:

»He, ich will mir nicht die Füße brechen!« Sie wand sich aus Mischiks Arm, kletterte etwas unbeholfen auf das transparente Treppengeländer und schlitterte wie auf einer Rutsche hinunter. Als sie unten heil angekommen war, blickte sie zu den Anderen, streckte den Daumen nach oben und grinste verschmitzt. Nun stiegen auch Siric und Vacanse auf das Geländer, rutschten hinunter und waren vor Elena, Mischik und Gloria angekommen.

»Guter Einfall«, lobte Mischik Dava, deren Ohren vor Verlegenheit leicht rot wurden.

»Den Trick hab ich von meinem Vater«, murmelte sie.

»Er war gerne unter Feen, hat sich oft von Tara in einen Elfen verwandeln lassen, um dann im Städtchen Sagrik in Kjaja mit anderen Zweibeinern zu plaudern.«

»Aber ihr hättet euch den Hals brechen können!«, rügte Gloria sie vorwurfsvoll. »Denkt doch mal an eure Gesundheit!«

»Kann uns bitte irgendjemand zurückverwandeln?«, bat Vacanse.

Rectusmulti, kam es von Mischik, und die drei hatten wieder ihre normale Gestalt angenommen.

»Sie ist hier ganz in der Nähe«, wimmerte Vacanse. »Oh, oh, ich hab so schreckliche Angst!«

»Krieg dich wieder ein«, wies Dava sie zurecht und sagte zu den dreien gewandt:

»Croija befindet sich irgendwo hinter dieser Tür.«

»Seid ihr bereit?«, fragte Elena die beiden Feen.

»Klar«, sagte Mischik mit fester Stimme.

»Wenn ihr geht, dann gehe ich auch«, wisperte Gloria kaum hörbar.

»Und ihr?«, wandte sich Elena an die Pferde.

»Bin bereit!«, rief Dava.

»Ich komm auch mit«, schnaubte Siric. »Wir sind so gute Freunde geworden, ich werde euch bis zum Schluss begleiten.«

Nun richteten sich alle Augenpaare auf Vacanse.

»W . . . was schaut ihr so?«, stotterte diese. »I . . . ich

komme mit, ich lass meine Freunde doch nicht im Stich!«

»Okay«, wurde sie von Elena unterbrochen, »aber vergesst nicht: Wir haben nur den Auftrag, die sieben Steine zu finden, nicht Croija zu beseitigen. Also verschwendet eure Zeit nicht mit Kämpfen, sondern sucht alles nach den Steinen ab.«

»Warte mal«, sagte Dava plötzlich, »da ist noch 'ne Person bei Croija im Raum ... wer ist denn das? Moment mal ... ich spüre die Anwesenheit Vlators!«

»Da gehe ich nie und nimmer rein«, beschloss Gloria. »Zwei Verbrecher in einem Raum, das wird ja immer besser!«

»Ach, hab dich nicht so«, versuchte Mischik ihre Freundin zu überreden. Es schien ihr egal zu sein, dass der dunkelste Magier aller Zeiten eine Tür weiter stand. »Du hast gesagt, dass du mitkommst, sogar Vacanse hat ihre Angst überwunden, nimm dir mal ein Beispiel an ihr! Willst du etwa als Angsthase dastehen?«

Diese Worte hatten Gloria überzeugt, und Elena öffnete langsam die metallbeschlagene Tür. Was sie dahinter erblickten, hatten sie nicht erwartet.

Massive Hindernisse

Sie standen in einer Art Kühlraum, in dem es eisig kalt war. Vor ihnen türmte sich eine undurchdringliche Wand aus meterhohen Eisblöcken auf.

»Wir müssen sie abschmelzen«, hauchte Siric. »Aber wie?«

»Gloria«, sagte Elena langsam mit zitternder Stimme. »Gib mir doch bitte mal das Zauberbuch aus deiner Tasche.«

Gloria reichte es ihr, Elena schlug es auf und durchsuchte es nach einem passenden Zauberspruch.

»Da steht es!« Sie gab Gloria das Buch zurück und flüsterte: *Liquarea*! Kaum ausgesprochen, schossen Flammen aus ihren Händen heraus und peitschten direkt gegen die Eiswand. In Windeseile schmolz das Eis ab. Ein warmer Wasserschwall ergoss sich über Elena und bahnte sich einen Weg nach draußen. Pudelnass stand Elena da, drehte sich zu den anderen um und grinste verlegen.

»Ich hätte vielleicht besser noch etwas mehr Abstand halten sollen«, gab sie kleinlaut zu, »aber das Eis ist wenigstens weg, oder?«

Die Anderen nickten ihr kommentarlos zu und konnten sich ein Lächeln nicht verkneifen.

Sie folgten einem düsteren Gang, der mit kaltem Nebel verhangen war. Als die sechs den Korridor entlanggingen, staunten sie nicht schlecht: Vor ihnen tat sich eine dicke Mauer aus Lehm auf, die an fast allen Stellen mit Brennesselsträuchern überwuchert war. Sie füllte mit ihrem Volumen das ganze Gewölbe aus. Und was das Verblüffendste war – überall in der dichten Hecke surrte und summte es.

»Vorsicht – das sind Opale!«, rief Gloria panisch, als Dava herzhaft ein Ästchen abfressen wollte, da sie schon wieder so großen Hunger hatte. Die Stute zuckte erschrocken zurück. »Opale sind flinke Insekten, die sehr schnell fliegen können«, erklärte Gloria der etwas verwirrten Elena. »Geh lieber noch ein paar Schritte zurück, denn wenn man von einem Opal gestochen wird, fällt man für zwei oder drei Tage in ein tiefes Koma.« Als sie Elenas entsetztes Gesicht sah, sagte sie klärend: »Keine Angst, man trägt keinen bleibenden Schaden davon, aber es wäre im Moment ungünstig, da wir jetzt auf keinen von uns verzichten können. Wir müssen diese Blockade rasch bewältigen, dürfen die Opale aber nicht reizen, sonst könnten sie aggressiv werden und auf uns losgehen. Die Folgen wären grauenhaft. Jedoch habe ich das ungute Gefühl, dass wir doch nicht alle Hindernisse überwinden können. Wenn meine Theorie stimmt, benötigen wir hierzu alle vier Elemente. Elena konnte die Aufgabe mit den Eisbrocken nur schaffen, weil ihr Element Feuer ist. Jetzt werde ich mich hier drum kümmern. Da ich dem Element Erde angehöre, wird dieses Problem meine Spezialität sein. Vermutlich kommen noch zwei weitere Hindernisse, für die Elemente Luft und Wasser. Mischik ist eine Windfee, so weit, so gut, aber wir haben niemandem mit dem Element Wasser!«

Betretene Stille trat ein. Gloria hatte Recht! Sie hatten keine Meeresfee!

»Jetzt mach ich uns erst mal den Weg frei«, fuhr Gloria fort. *Defloresco!* Aus ihren Händen stob grüner Puder, der sich wie ein Mantel über die Pflanzenmauer legte. Diese verdorrte zusehends und zerfiel zu feinstem Staub. Die Opale verschwanden sofort in einem Loch in der Gewölbewand.

»Super gemacht, nun aber rasch weiter«, kommandierte Gloria. Sie ging voran und bog um eine langgezogene Kurve.

Plötzlich begann ein starker Wind zu wehen, der sich schnell zu einem heftigen Tornado entwickelte.

»Du bist jetzt dran, Mischik.«

Mischik schob sich an ihr vorbei und zwinkerte Gloria zu. Sie trat einen Schritt nach vorne, holte tief Luft und schrie gegen den tosenden Wind an: *Exsolvo!* Zuerst veränderte sich nichts, und Mischik befürchtete, dass sie einen falschen Zauberspruch benutzt hatte. Einige Augenblicke später jedoch verlor der Sturm langsam an Kraft und verschwand mit einem lauten Ploppgeräusch.

Erst jetzt sahen sie den schillernden Boden, nur wenige Meter vor ihnen.

»Oh je«, seufzte Elena, »das sieht ganz nach Wasser aus.« Sie schärfte ihren Blick und lachte. »Wirklich nur Wasser! Da müssen wir einfach nur durchschwimmen!« Erst dann fiel ihr ein, dass Feen das ja gar nicht konnten.

»Ich versuche es trotzdem«, beschloss sie. »Ich bin eine Taraxx, eine Halbfee, und zudem kann ich sehr gut schwimmen, da werde ich schon nicht ertrinken.«

Und bevor Gloria sie zurückhalten konnte, war Elena ins Wasser gesprungen und kraulte mit wenigen Zügen auf die andere Seite. Als sie drüben angekommen war, drehte sich die Taraxx um und rief:

»Seht ihr? War überhaupt nicht schlimm!«

»Mischik«, mahnte Gloria. »Du wirst da auf keinen Fall durchschwimmen, mach ich doch auch nicht.« Mischik kletterte auf Dava und sagte:

»Zum Glück haben wir die Vierbeiner dabei. Pferde sind nämlich vorzügliche Schwimmer. Ich werde nicht durchschwimmen. Dava, du bringst mich doch bestimmt locker rüber?« Sie klammerte sich etwas stärker als üblich an Dava fest und sagte schließlich: »Los geht's!«

Dava setzte sich zögerlich in Bewegung. Sie schnupperte erst kurz am Wasser, stampfte und spritzte mit den Vorderhufen im kühlen Nass. Man sah ihr an, dass es sie Überwindung kostete, dennoch ließ sie sich geschickt hineingleiten. Das Pferd tauchte nur bis zum Bauchansatz ins Wasser ein und war nach einigen ausgreifenden Fußbewegungen bei Elena angekommen. Siric trabte als nächste auf das Wasser zu, dicht gefolgt von Gloria auf Vacanse. Als alle auf der anderen Seite des Beckens standen, bemerkten sie eine Spalte in der Wand, die sie von der anderen Seite nicht gesehen hatten. Im Gänsemarsch zwängten sie sich durch den engen Spalt, was vor allem den Tieren große Mühe bereitete.

Elena, die die Gruppe anführte, tastete sich langsam voran und stieß trotz aller Vorsicht im Dunkeln heftig mit der Stirn gegen einen Felsvorsprung.

»Aua! Achtung, alle Köpfe einziehen«, wies sie die Nachfolgenden an. Als sie auf der anderen Seite angekommen waren, blickten sie sich zuerst gespannt um.

Die sechs standen in einer kleinen, dunklen Tropfsteinhöhle, die sehr sparsam mit einzelnen Fackeln ausgeleuchtet war. Es war beklemmend still, und nur vereinzelt hörte man Wassertropfen, die von der kuppelförmigen Decke fielen. Die Pferde wurden immer unruhiger. Siric und Dava hatten Angst und scheuten. Vacanse bäumte sich auf und wieherte erschrocken. Doch die Warnung kam zu spät. Die Feen waren schon einige Schritte weiter gegangen und erstarrten vor Schreck.

Die dunklen Mächte

Croija!

Sie stand vor ihnen auf einem großen Felsbrocken und blickte sie hämisch an.

»So, so«, sagte sie und ein Lächeln umspielte ihre Lippen, »sicherlich muss ich mich gar nicht erst vorstellen, ich bin ja so bekannt, da wäre das wohl überflüssig.«

Sie stieg etwas schwerfällig von dem Felsen herunter und zog sich den Umhang aus. Etwas schnellte von ihren Beinen herauf: ihre Flügel. Sie waren komplett durchsichtig und von feinen Adern durchzogen. Mischik hatte Recht gehabt, sie sahen wirklich wie Libellenflügel aus. Nun trat ein großer Mann aus dem Schatten hervor, mit verfilztem, schwarzem Haar, gekleidet in einen karminroten Umhang und eine braune, zerlumpte Hose.

»Nun, Vlator«, Croija wies auf die sechs, »das sind unsere heutigen Gäste. Reizend, oder?« Vlator brummte nur:

»Hmm.«

»Nicht besonders gesprächig, der Kerl«, wisperte Elena, die all ihren Mut zusammennahm, um sich ihre Unsicherheit nicht anmerken zu lassen, Mischik ins Ohr.

Vlator ging langsam auf die Mädchen zu und blieb wenige Schritte vor ihnen stehen. Sein Gesicht war von tiefen Falten zerfurcht und wirkte kalt und versteinert. Ohne eine Regung starrte er Elena lang und durchdringend in die

Augen und ergriff mit rauer, tiefer Stimme das Wort: »Oh, eine Taraxx.«

Dann wandte er sich Mischik zu und lachte leise und spöttisch.

»Nun«, Vlator sah jetzt Gloria prüfend an, »auch du bist nichts Besonderes, einfach nur eine gewöhnliche Blumenfee.«

Torqueo!, schrie Gloria, die den Überraschungseffekt auf ihrer Seite hatte. Damit hatte Vlator nicht gerechnet. Er wurde mit voller Wucht gegen die Felswand geschleudert und blieb benommen am Boden sitzen. Croija stürzte zu ihm: »Vlator«, schrie sie hysterisch. »Hörst du mich? Steh auf – du kannst jetzt nicht hier rumliegen! Die Steine – wir brauchen die Steine!«

»Glo!« Gloria drehte sich zu Mischik um.

»Was?« Mischik wies auf eine Ecke der Höhle, wo sie die beiden anderen Steine auf einem kleinen roten Samttuch liegen sah. Gloria warf einen kurzen Blick in die Richtung von Vlator.

Croija versuchte noch immer, ihn wieder auf die Beine zu bringen. Doch sie war zu schwach.

Das war ihre Chance! Gloria spurtete zu den Steinen, hob sie auf und reichte sie Elena, als zeitgleich von Mischik noch ein Ruf kam:

»Tara, da ist Tara!«

Gloria drehte sich um und erblickte die Feenkönigin,

die mit einem Zepter in der Hand im Halbdunkel stand.

»Elena!«, rief die Königin. »Fang auf!« Sie warf ihr das Zepter zu. »Setz schnell die Steine ein!«

Elena musterte kurz das Zepter und entdeckte die sieben dafür vorgesehenen Einkerbungen über dem Griff. Als der letzte Stein eingefügt war, leuchtete es einmal golden auf, das Zeichen, dass sich die Magie der Steine mit der des Zepters verbunden hatte.

Vlator war wieder zu sich gekommen. Er erkannte die Gefahr und stieß einen unverständlichen Zauberspruch aus. Dieser blieb jedoch wirkungslos, da das Zepter Croija und ihm bereits die Zauberkräfte entzogen hatte. Die beiden bemerkten ihre Ausweglosigkeit, wichen einige Schritte zurück und kauerten sich in einer Ecke auf den Boden.

Überraschende Wende

Elena richtete das Zepter auf Croija und Vlator, die sich schützend die Hände vors Gesicht hielten. Die Taraxx blickte in die Augen ihrer Freundinnen, die nun von ihr erwarteten, dass sie die beiden auslöschen oder zumindest nach Murawood verbannen sollte. Elena zögerte. Ihr schossen plötzlich so viele Gedanken durch den Kopf.

Wäre es denn die richtige Entscheidung, ihre Überlegenheit gegenüber den beiden auszunutzen? Jetzt hätte sie die Möglichkeit dazu.

Jedoch wäre sie dann ja genauso schlecht wie Croija und Vlator. Als Mischik, Gloria und Tara die Unentschlossenheit ihrer Freundin spürten, versuchten sie Elena mit Zurufen zu bestärken, sie solle doch dem Ganzen jetzt ein Ende bereiten, die beiden hätten es nicht anders verdient.

Elena hatte ihren Entschluss jedoch bereits gefasst. Sie ließ das Zepter langsam sinken und sprach mit ernster, eindringlicher Stimme:

»Ich werde euch verschonen, wenn ihr dafür den treuen Feenschwur ablegt, nie wieder Zaubersprüche auszusprechen und weder einer Person noch einem Tier je wieder Schaden zuzufügen.«

Croija und Vlator senkten ihre Hände und blickten Elena verwundert an. Die beiden waren so überrascht, dass sie zuerst keine Worte fanden. Croija war die Erste, die ihre

Stimme wiederfand. Sichtlich gerührt stammelte sie mit wässrigen Augen: »Ich schaffe keinen Fluchtversuch mehr. Die ständige Angst, entdeckt zu werden, hat mir die letzte Kraft geraubt. Bitte – ich möchte nie wieder nach Murawood verbannt werden. Ich kann nicht mehr.«

»Murawood ist die Hölle«, Vlator sprach leise und gebrochen. »Es wird dort niemals hell, es ist kalt und feucht, und überall wimmelt es von Spinnen, Würmern und anderen ekelhaften Tieren.« Dann fügte er hinzu: »Ich tue alles, was ihr wollt.«

Die lange Verbannung und die unendliche Langeweile hatten das Schreckensduo Stück für Stück zermürbt. Elena glaubte sogar ein kurzes Lächeln in Vlators verbittertem Gesicht erblickt zu haben. Dies sollten die gefürchtetsten Zauberer sein, wunderte sich Elena. Auf sie wirkten die beiden keineswegs so schrecklich, eher so, als verfügten sie nicht mehr über die Möglichkeit, wirklich Böses zu tun. Croija und Vlator waren nur noch Schatten ihrer selbst. Abgemagert und blass sehnten sie sich nach einem ruhigen Leben. Sie waren bescheiden geworden: abends eine warme Mahlzeit, ein weiches Bett, in dem sie in Ruhe einschlafen könnten – mehr wollten sie gar nicht.

Ihr letzter Plan, die Zauberkristalle zu finden, anschließend das Zepter zu stehlen, um so wieder an ihre alte Macht zu gelangen, war gescheitert, und irgendwie waren sie froh, dass alles zu Ende war.

Bei dem Feenschwur, den Croija und Vlator ablegten, horchten alle Anwesenden gespannt zu. Sie wussten, dass dieser Schwur für alle Zauberwesen galt und nie wieder gebrochen werden konnte. Zudem waren alle überglücklich, dass die Jagd nach den beiden so gewaltfrei verlaufen und endlich alles gut war.

Croija konnte sich nun von der Seele reden, wie es zu allem gekommen war. Bereits in jungen Jahren wurde sie von ihren Mitschülern auf Grund ihres Aussehens verspottet und gehänselt.

»Ich war immer die Kleinste in der Klasse, und ständig haben mir meine Klassenkameraden *Zwergwichtel* und *Schrumpfhexe* hinterhergerufen. Dann haben sie an meinen Haaren gezogen und mir eine lange Nase gedreht.«

Vlator erging es damals nicht anders: Sein Gesicht war von dicken grünen Pickeln übersät, was ihm schnell den Spitznamen *Pickelzwickel* einbrachte. Wenn die beiden in das Klassenzimmer kamen, drehten ihnen die meisten den Rücken zu, fingen an zu tuscheln und zu kichern oder riefen ihnen beleidigende Bemerkungen zu.

»Ich hatte so einen Hass!«, erzählte Vlator.

»Und ich fühlte mich so hilflos.« Croija musste daran denken, wie sie in der Schule gelitten hatte. Nach vielen Jahren hatte sich bei ihnen ein so großes Rachegefühl aufgestaut, dass sie nur noch das Bedürfnis gehabt hatten, es wem auch immer heimzuzahlen.

Elena erkannte plötzlich, dass es auch ihr in der Schule so ähnlich erging und wie schrecklich dieses Gefühl war.

Und noch etwas klärte sich auf. Croija lüftete das Geheimnis, woher sie das Versteck der Steine kannte: Sie selbst hatte sich mit letzten Kräften unsichtbar in den Thronsaal geschlichen und das Gespräch mit Tara und den Auserwählten belauscht. Croija konnte das Rätsel schneller lösen und fand die Steine zuerst.

Tara wusste nun, warum Elena eine Auserwählte war. Alle Elfen und Feen im Reich waren gegen Croija und Vlator eingestellt. Elena war jedoch einfach menschlicher, hatte Mitleid, trotz der schlimmen Taten, die die beiden begangen hatten. Ohne sie wäre alles nicht so friedlich ausgegangen.

Zu guter Letzt brachte Elena noch einmal alle zum Staunen und machte einen ungewöhnlichen Vorschlag.

»Wie wäre es, wenn Croija und Vlator eine neuartige Lerngruppe gründen? Sie könnten dann als Gruppensprecher die Jungfeen und -elfen darüber informieren, was ihnen widerfahren war und zusammen nach Möglichkeiten suchen, dass so etwas Schreckliches im Feenreich nie wieder passieren kann.« Die Anderen waren zunächst sprachlos und dann von der Idee total begeistert.

»Ich hab gehört, dass Miss Auderia, unsere Lehrerin im Fach *Gut und Böse*, in den nächsten Jahren in den Ruhestand geht«, wusste Gloria. »Wenn die beiden sich bis dahin bewährt haben, könnten sie doch eine Schul-AG aus dem Fach machen, oder?«

»Ja«, nickte Tara, »das ist ein sehr guter Vorschlag, Gloria.«

Croijas Miene hellte sich auf.

»*Gut und Böse?* Das war früher mein Lieblingsfach in der Schule!« Vlator nickte zustimmend.

»Meines auch, aber ich glaube kaum, dass die Direktorin damit einverstanden wäre.«

»Lass das mal meine Sorge sein«, gab Tara zurück. »Darum werde ich mich kümmern. Miss Eragia, die Fee, die die Schule leitet, ist eine gute Freundin von mir. Ich sollte sie mal wieder zum Teekränzchen einladen und ganz nebenbei erwähnen, dass Croija und Vlator auf die gute Seite gewechselt sind und sich freuen würden, wenn sie etwas Gemeinnütziges machen dürften ...« Sie lächelte. »Dann ist ja alles bestens!«

»Die Schüler werden bei meinem Anblick bestimmt in Ohnmacht fallen«, befürchtete Vlator.

»Das garantiert nicht«, widersprach Elena. »Sie werden lediglich einen kleinen Schreck bekommen, doch sobald die Direktorin sie über alles aufgeklärt hat, werden sie euch mit Sicherheit Löcher in den Bauch fragen.«

Mischik nickte.

»Sie hat Recht, die Feenschüler werden euch nur so mit Fragen überhäufen!«

Nach so viel positivem Zuspruch war auch Vlator überzeugt und stimmte dankbar zu. Croija stand da und strahlte wie ein Honigkuchenpferd.

»Super! Das ist echt klasse, ich wollte schon immer mit Kindern arbeiten und mein Wissen weitergeben!«

»Jetzt hast du die Chance dazu«, erwiderte Gloria. »Nutze sie! Vlator und du, ihr habt nun die Gelegenheit, noch einmal ganz von vorne anzufangen. Als Vorbilder sollt ihr Gutes tun, andere bei Problemen unterstützen und ihnen hilfreich beistehen! Wir sind stolz auf euch«, erklärte Mischik.

Elena wollte noch etwas hinzufügen, als sie plötzlich von hinten von etwas Mächtigem gepackt wurde. Sie drehte sich schnell um und erkannte, dass sie in einen weißen Strudel gezogen wurde. Sie erschrak und schrie panisch auf. Der Strudel änderte seine Farbe und wurde blau. Elena fiel ... und fiel ... und fiel ... Zuerst wurde ihr schwindlig, dann verlor sie die Besinnung.

Nur ein Traum?

Elena schreckte aus dem Schlaf hoch. Sie sah auf die Uhr. Mitternacht. Sie befand sich in ihrem Zimmer und lag im Bett. Aber wo waren Gloria und Mischik? War alles doch nur ein Traum gewesen? Elena stand auf, knipste das Licht an und sah sich in ihrem Zimmer um. Doch sie konnte nichts Ungewöhnliches erkennen. Alles war ordentlich auf seinem Platz. Verwirrt und müde ließ sie sich wieder in ihr Bett fallen und schlief sogleich ein. Sie wurde erst Stunden später von einem entfernten Geräusch geweckt. Es dauerte etwas, bis sie bemerkte, dass es die Haustürklingel war. Sie kroch aus dem Bett, zog schnell ihre Hausschuhe an und lief die Treppe hinunter.

Jetzt klopfte es bereits heftig an der Tür, und sie konnte die markante Stimme von Frau Klein vernehmen.

»Haalloo, Elli, bist du wach?«

Elena öffnete die Tür und blickte in die freundlichen Augen der Nachbarin.

»Morgen, Elli«, begrüßte sie Frau Klein. Elena nickte ihr nur zu und grinste müde.

»Mein Gott, wie siehst du denn aus?«, erkundigte sich Frau Klein. »Bist du gefallen, oder woher hast du die riesige Beule am Kopf? Ich werde dir erst mal Frühstück machen«, und sie lief in Richtung Küche davon.

Elena stand noch immer wie versteinert da. Ihr schossen

tausend Gedanken gleichzeitig durch den Kopf. Sie rannte wieder nach oben und stellte sich im Badezimmer vor den Spiegel. Mit beiden Händen tastete sie ihre Stirn ab und freute sich das erste Mal über die Beule, die sie sich in der schmalen Felsspalte zugezogen hatte. Nun hatte sie die Gewissheit, dass alles, was sie erlebt hatte, kein Traum war. Gab es noch mehr Beweise? Sie spürte, irgendetwas musste sie noch übersehen haben.

Sie rannte in ihr Zimmer zurück und suchte es ungeduldig ab. Ihr Blick blieb an ihrem Schreibtisch hängen, auf dem etwas stand. Sie lief schnell zum Tisch und entdeckte dort eine Miniaturform von Taras Zepter.

Daneben lagen ein Brief und das Buch der Zaubersprüche, das sie von Tara bekommen hatten.

Elena entfaltete den Brief und las:

Liebe Elena!

Es hat mich sehr gefreut, ein so liebenswertes, freundliches und mutiges Mädchen wie dich kennenzulernen. Wir alle haben durch deine menschliche Wesensart sehr viel gelernt. Leider war deine Zeit in Facyra so schnell zu Ende. Du kannst immer nur zwei Tage in der magischen Welt verbringen und musst dann dieselbe Zeit wieder in der Menschenwelt bleiben, bis du erneut ins Feenreich reisen kannst. Sicherlich bist du um Mitternacht wieder in deinem Bett gelandet. Während deines Aufenthalts in Facyra ist in der Menschenwelt nämlich keine Zeit vergangen. Unglaublich, aber wahr. Du bist eine Taraxx und kannst somit immer wieder zurückkehren. Wenn du dich in eine Fee verwandeln willst, musst du einfach das Zepter festhalten und dabei ganz stark an Facyra denken. Daraufhin wird der Strudel erscheinen und dich wieder auf die Wiese bringen, wo du Gloria und Mischik das erste Mal getroffen hast. Die beiden sind übrigens wegen deiner Heimkehr sehr traurig. Auch Siric, Vacanse und Dava vermissen dich schrecklich, versuchen aber, es sich nicht anmerken zu lassen. Die drei fressen fast nichts mehr, und das will was heißen! Normalerweise verdirbt den dreien nichts so schnell den Appetit! Leider hatte ich keine Zeit mehr, mich bei dir vielmals zu bedanken, dass du bei der Suche nach den Steinen mitgeholfen hast. Deshalb will ich dies in diesem Brief nachholen. Hoffentlich sehen wir uns bald wieder!

Viele Grüße von
Königin Tara
Gloria,
Mischik
und all den Anderen

Elenas Erkenntnis

Es war also doch kein Traum gewesen. Facyra existierte wirklich, ebenso wie Gloria und Mischik.

Überglücklich ging Elena zu Frau Klein nach unten und frühstückte ausgiebig. Sie hatte einen Hunger, als hätte sie ewig nichts gegessen. Elena hatte nun zwei wundervolle Feenfreundinnen und drei Pegasusfreundinnen gefunden. Leider waren diese jedoch im Feenland und nicht in der Menschenwelt.

Elena wurde klar, dass einiges an ihr lag. Sie selbst müsste mehr auf Andere zugehen und sich um Freundschaften bemühen. Deshalb nahm sie sich eines fest vor: Noch heute würde sie ihre Klassenkameradinnen Claire, Leonie und Lola anrufen, um sich mit ihnen zu verabreden. Denn um Freundinnen zu finden, muss man sich erst einmal kennenlernen. Und Elena konnte nicht behaupten, besonders viel über die drei zu wissen. Vielleicht waren die Zwillinge gar nicht sooo zickig, wie sie zuerst gedacht hatte.

Da Elena sehr gerne Fremdsprachen lernte, würde es auch sicherlich großen Spaß machen, mit Claire Englisch zu reden oder Musiktitel ins Deutsche zu übersetzen. Sie war jetzt schon richtig gespannt, wie die Mädchen wohl auf ihren Kontaktversuch reagieren würden. Doch genauso freute sie sich auf ein baldiges Wiedersehen mit ihren Freunden aus Facyra.

Denn gibt es überhaupt etwas Schöneres, als neue Freunde kennenzulernen?

Edition Junge Autoren

Viele junge Menschen träumen von einer Autorenkarriere. So wie für Vanessa Oelmann ist Schreiben ihre Leidenschaft. Sie haben eine ungewöhnliche Fantasie und denken sich schon von klein auf die schönsten und spannendsten Geschichten aus. Manche Kinder und Jugendliche zeigen also ungewöhnlich früh eine brillante schriftstellerische Begabung. Ihre Erzählungen berühren, fesseln, entführen in eine andere Welt und sind in einem einfühlsamen, intensiven Sprachstil zu Papier gebracht.

Der Verlag Petra Hennig möchte diese begabten jungen Menschen entdecken und ausgewählten Nachwuchsautoren die Möglichkeit geben, ihre Träume von einem eigenen Buch zu verwirklichen.

Den Anfang machte im März 2009 das Buch *Elfenwind* von Hanna Zeiß. Es entstand, als die Lindenfelser Schülerin neun Jahre alt war. Hanna Zeiß ist sicher eine der jüngsten Buchautorinnen und Illustratorinnen Deutschlands. Ihre zauberhafte Geschichte liegt bereits in zweiter Auflage vor.

Im Rahmen der Talentförderung erschien im Dezember 2009 *Das Buch von Mavalyon* der Wiesbadener Gymnasiastin Marcella Melien, die ebenfalls eine herausragende junge Künstlerin ist.

Vanessa Oelmann setzt mit ihrem modernen Märchen *Elena zwischen zwei Welten* die Reihe *Edition Junge Autoren* fort. Mit ihrer fantasievollen Geschichte sensibilisiert Vanessa Oelmann für das Thema Mobbing und regt damit auf eine außergewöhnliche Art zum Nachdenken an.

Die blitzschnelle Auffassungsgabe und enorme Kreativität von Vanessa Oelmann haben mich immer wieder begeistert. Für die hervorragende Zusammenarbeit mit der Lektorin Sigrid Jahn, für die märchenhaften Illustrationen von Doris Bambach und für die engagierte Unterstützung der Druckerei Bönsel möchte ich mich ganz herzlich bedanken.

Petra Hennig, März 2010

Die junge Autorin

Vanessa Oelmann wurde am 2. Mai 1998 in Ludwigsburg geboren. Sie besucht jetzt die sechste Klasse des Mörike-Gymnasiums in ihrer Heimatstadt.
Ihre Freizeit verbringt sie hauptsächlich mit Lesen, Malen und Geschichten schreiben. Vanessa ist das, was man als einen echten Bücherwurm bezeichnen kann. Ihr Lesehunger ist enorm. Kein noch so dicker Wälzer schreckt sie ab. Ihr Arbeitsplatz zu Hause ist übersät mit kleinen Zettelchen, auf denen sie jeden Einfall, jeden Gedanken notiert, um sie in ihren zahlreichen selbst erfundenen Geschichten zu verwenden.
Sie schreibt seit der ersten Klasse, das Lesen hat sie sich bereits im Kindergartenalter beigebracht. Wie ihr das gelungen ist, ist für ihre Eltern ein Rätsel geblieben. Buchstaben und Zahlen haben Vanessa magisch angezogen. Mit Schablonen und Magneten hat sie sich ganz früh die Welt der Sprache erobert.
Mit 11 Jahren schrieb sie *Elena zwischen zwei Welten*. Es war ihre erste Geschichte, die sie nicht von Hand, sondern am Computer verfasste.
Zu Vanessas Lieblingsautoren gehören Joanne K. Rowling, Thomas Brezina, Cornelia Funke und Franziska Gehm.

Außerdem erschienen im Verlag Petra Hennig

Für Salome, Muriel, Syrah und Finn ändert sich das Leben über Nacht. Sie bekommen die Chance auf eine bessere Zukunft und die Erfüllung all ihrer Träume, als sie erfahren, dass sie für einen Studienplatz an der Schule der Weisheiten auserwählt wurden. Doch zuvor müssen die Mädchen gemeinsam eine Aufgabe lösen. Was für sie zunächst nach einer aufregenden Reise aussieht, bringt die vier schon bald in tödliche Gefahr.

Die Autorin Marcella Melien war 13 Jahre alt, als sie das Königreich von Mavalyon erfand. Mit ihrer einfühlsamen Sprache erzählt sie eine spannende Geschichte von Träumen und Freundschaft, von Intrigen und Racheschwüren.

Das Buch von Mavalyon
319 Seiten · gebunden
ISBN 978-3-9812850-1-7 · € 19,95

Außerdem erschienen im Verlag Petra Hennig

Über 500-mal mussten die Elfenkinder Filice und Fojer mit ihrem Volk schon umziehen. Und schon wieder naht der Sturm, der ihr ganzes Leben zu verändern droht. Werden sie diesmal allein den Weg in eine bessere Zukunft finden?
Die Autorin Hanna Zeiß war neun Jahre alt, als sie die Geschichte *Elfenwind* für ihre Eltern zu Weihnachten schrieb. Alle Bilder des Buches hat sie selbständig erdacht und gemalt. Damit gehört Hanna Zeiß wohl zu Deutschlands jüngsten Autorinnen und Buch-Illustratorinnen.

Elfenwind
32 Seiten · gebunden
Mit Illustrationen von Hanna Zeiß
ISBN 978-3-9812850-0-0 · € 16,80
1 Euro pro verkauftem Buch geht an die Initiative COURAGE für chronisch kranke Kinder der Universitätsklinik Heidelberg

Erhältlich in Ihrer Buchhandlung oder direkt beim Verlag Petra Hennig
Roonstr. 12
64625 Bensheim
post@verlag-petra-hennig.de
www.verlag-petra-hennig.de

Außerdem erschienen im Verlag Petra Hennig

„Zu einer richtigen Familie gehört ein Hund", findet Bettina Sommer. Sehr zur Freude ihrer Tochter Leslie. Papa wird überzeugt und alles könnte so schön sein! Wenn da bloß nicht der böse Nachbar wäre. Als endlich Labradorhündin Jolly auf dicken Pfoten in das Leben der Familie wirbelt, sieht die Welt der Sommers irgendwie anders aus. Gemeinsam erleben sie Spannendes, Komisches und Trauriges.
Beim ersten Hund wird alles anders ist eine heitere Familiengeschichte, in der viel Wissenswertes zum Thema Hund und Hundeerziehung steckt.

Beim ersten Hund wird alles anders
192 Seiten · gebunden
Mit Illustrationen von Detlef Judt
ISBN 978-3-00-024763-7 · € 14,90

Erhältlich in Ihrer Buchhandlung oder direkt beim Verlag Petra Hennig
Roonstr. 12
64625 Bensheim
post@verlag-petra-hennig.de
www.verlag-petra-hennig.de